AF229101

PÉTITION
AUX CHAMBRES

SUR

LES MEILLEURS MOYENS

DE METTRE UN TERME AUX COMPLOTS INSURRECTIONNELS
ORGANISÉS DEPUIS LE MOIS DE JUILLET
PAR DES RÉVOLUTIONNAIRES AVIDES DE PLACES,
DE SANG ET DE RAPINE,

ET

DE PRÉSERVER LA SOCIÉTÉ DE NOUVELLES ENTREPRISES DE LA PART
DES FORÇATS LIBÉRÉS,
SURTOUT DANS UNE GRANDE CITÉ TELLE QUE PARIS;

PAR M. J. P. GAVAND,

AUTEUR DE PLUSIEURS ÉCRITS POLITIQUES :
LES CRIMES DES FÉDÉRÉS, LA FACTION CIVILE DÉVOILÉE, LE DUC DE BORDEAUX,
LE DUC DE REICHSSTADT ET LA FRANCE NOUVELLE, ETC. ETC. ETC.

Il y a mille fois plus de vandalisme et de cruauté dans
cet effroyable axiome de nos régénérateurs modernes :
L'INSURRECTION EST LE PLUS SAINT DES DEVOIRS, que dans
les anciennes théories du gouvernement absolu professées
par Machiavel. — L'AUTEUR.

Prix : 1 franc.

A LYON,

CHEZ ROUBIER, LIBRAIRE, place Bellecour, n° 17.

A PARIS,

CHEZ DENTU, LIBRAIRE, au Palais-Royal.

1831.

A Lyon, de l'impr. de Charvin, rue Chalamon, n° 1.

PÉTITION

AUX CHAMBRES.

NOBLES PAIRS , DÉPUTÉS !

La gravité des circonstances redouble l'opportunité de ma demande. L'ordre social chancelle sur ses bases ébranlées de toutes parts par la révolution de juillet. Le procès des Ministres nous a enfin révélé ses véritables causes : l'égoïsme, l'orgueil, la soif de l'or et du pouvoir dévoraient les hommes qui l'ont amenée ; on n'y voit plus qu'une guerre aux places , une spéculation, une opération de finance , dont les auteurs sont aussi cruellement punis que leurs victimes , par un funeste résultat. Ils ont voulu jouer avec les masses , faire l'essai des forces de la multitude contre l'autorité. Par ce dangereux mot d'ordre : *Fermez les ateliers !* ils ont ouvert sous leurs pas un abîme qu'ils ne peuvent plus combler : tant il est aisé de détruire , tant il est difficile de reconstruire un édifice avec ses débris dispersés en éclats !

C'est à vous, Messieurs, à votre patriotisme élevé, à vos lumières, à votre expérience mûrie dans nos discordes civiles, qu'il appartient de sauver la France et de relever l'édifice social sur des bases inébran- lables, en assurant l'ordre public qu'on ne rétablit pas aussi facilement dans les esprits et dans un vaste empire qu'on l'a inscrit sur les drapeaux et sur les uniformes des gardes nationales. Déjà plusieurs voix généreuses, en prêtant serment au nouvel ordre de choses, ont fait entendre parmi vous cette expression de la vérité : *Je le jure , en haine de l'anarchie ,* malgré les récriminations passionnées de cet homme qui prétendait ne respirer que de- puis la révolution de juillet, et qui ne respire déjà plus !!!.... Sait-on si des remords n'ont pas troublé ses derniers momens ?..... Sans les fatales ordon- nances, son convoi fût peut-être devenu le signal de la révolte..... Mais arrêtons-nous ; il n'a plus d'autres juges que Dieu et la postérité.....

Aujourd'hui que les idoles du libéralisme sont élevées au faîte des honneurs où les journaux avaient marqué leurs places , depuis quinze ans , on veut les détrôner à leur tour ; la calomnie , la bouche écumante de rage et d'envie , vient s'asseoir sur leurs réputations renversées ; usés par une appari- tion à la tribune, ces hommes n'ont fait que passer, ils ne sont déja plus. Déplorables effets de cette manie d'avilir nos fonctionnaires, en ne les repré- sentant que comme des salariés, avides pension- naires du budget de l'état : reproche sanglant , mais en quelque sorte mérité, par l'énormité des traitemens, par de scandaleux cumuls et par de révoltantes sinécures, que les meneurs de la révolution de juillet appelaient d'intolérables abus, et qu'ils regardent à présent comme des dépouilles opimes.....

Tels sont, Messieurs, les motifs évidens et matériels qui ramèneront encore sur le champ de bataille insurrectionnel ceux que *la Sentinelle du peuple* et *le Moniteur* appellent des intrigans de bas étage, des escrocs, des repris de justice, probablement les mêmes qui, le 26 juillet 1830, jouèrent au Palais-Royal le rôle ignoble d'orateurs montés sur des chaises de paille, pour ameuter la populace et la pousser à la révolte (il n'y avait pas de carlistes ce jour-là !), et qui conduisirent dans la demeure du nouveau Roi et à Vincennes les attroupemens du 18 octobre, furieux qu'ils étaient de n'avoir pu arriver à des places, dont leur vie déshonorée leur interdisait l'exercice. Sauf quelques journalistes, était-il un de ces hommes qui pût se plaindre des ordonnances pour son propre compte? à qui fera-t-on croire qu'un patriotisme religieux et pur ait seul dicté leurs harangues furibondes? furent-ils autre chose que des apôtres de désordre et d'anarchie, pour en profiter, en dépouillant et vainqueurs et vaincus, comme aux jours néfastes de nos annales sanguinaires ?

Cette classe d'hommes est infiniment plus dangereuse que celle des forçats libérés qui en fait souvent partie ; car les uns n'attentent ordinairement qu'à la sûreté des particuliers par des crimes isolés ; tandis que ceux que nous signalons en première ligne., troublent l'ordre , la paix publique , et compromettent le salut de tout un empire. Cette classe forme une portion notable de la population de Paris.

Ces révolutionnaires de profession ont déjà méconnu plusieurs fois l'autorité du Roi citoyen , accompagné du géant des Deux-Mondes , du colosse de popularité, *Lafayette* , puisqu'il faut l'appeler par son nom...... Ce sont eux qu'on à vus irrités du mauvais succès de leurs clubs *des amis du peuple*, dissous par le peuple lui-même , jugés et condamnés par un tribunal correctionnel , se faire un point d'honneur d'insulter à la justice dans son propre sanctuaire , en se vantant d'avoir combattu pour les lois et pour la Charte dans les trois mémorables journées ! Ce sont eux qui , dans des placards incendiaires , ont menacé de dissoudre par la force la Chambre des Députés de la France, et qui ont fait passer à M. de Montalivet tant de nuits laborieuses, pour produire ses lois sur les afficheurs et sur les élections. Ce sont eux qui s'intitulent les hommes du mouvement , par excellence, tandis qu'au fond ils ne voudraient devenir que les imitateurs rétrogrades des farouches proconsuls de 93 , dont tout le mérite consistait à être couverts de crimes , et à porter le fanatisme du mal au delà de ses dernières limites ; ils n'on point osé exercer leurs rapines en présence de ce peuple, qu'ils ont fait battre, sous le prétexte de lui conserver sa liberté légale. Ils voudraient aujourd'hui renouveler une lutte dont ils sauraient profiter. Les fortunes mal acquises de leurs devanciers leur ont suggéré la coupable espérance d'en faire de semblables par les mêmes moyens ; mais l'ordre s'est trop vite rétabli ; ils n'ont pas eu le temps ; il a même fallu abdiquer les titres qu'ils avaient usurpés. Ce sont eux qui, se disant ardens républicains, ont créé, sans cautionnement, toujours par respect pour les lois, un journal célèbre, *le Patriote*, qui aura bientôt cent abonnés : ce sont eux qui, pour donner le change, ont fait répéter dans les journaux, dignes échos de leurs nouvelles, que les attroupemens du 18 octobre, des 21, 22 et 23 décembre, étaient l'œuvre des carlistes qui voulaient sauver les Ministres, en demandant leurs têtes !

Ce sont eux qui ameutaient, dans les tribunaux de province, ces imberbes siffleurs aspirant à gouverner l'état, à devenir magistrats et législateurs, avant d'être légistes. Ce sont eux ou leurs adeptes qui, dans la nuit du 10 au 11 mars 1815 (1), criaient dans les rues de Lyon : *Vive la mort ! à bas Dieu ! vive l'enfer !* Ce sont eux qui ont extorqué à M. Guizot, en lui persuadant qu'il ne faisait pas un acte de vandalisme, mais de foi calviniste, puisque cette secte chrétienne regarde le culte de la croix et des saints comme une idolâtrie, l'ordre de faire abattre dans les campagnes toutes les croix,

(1) *Les Crimes des Fédérés*, pag. 12. Fédérés de 1830 ! au 20 mars, Louis XVIII avait-il violé la Charte comme les Ministres de Charles X par les ordonnances ? vous en êtes-vous moins insurgés contre lui ?

1.

surtout celles qu'avaient plantées les missionnaires.

Ce sont eux qui ont faussement annoncé dans leurs feuilles, en parfaite connaissance de cause, trois insurrections à Berlin, deux à Naples, une à Milan, une à Rome, une à Turin, une à Madrid, une à Lisbonne, une à Moscou, trois à Saint-Pétersbourg, les deux dernières avec massacre de la famille impériale, une dans les provinces rhénales de la Prusse, une à Amsterdam, une à La Haye ; qui ont ainsi provoqué les malheurs de la Belgique, les troubles de Dresde, de Brunswick, d'Hanau, de Hesse-Cassel, de Londres, de la Suisse, et enfin la révolte de la Pologne ; qui ont ainsi augmenté les embarras du nouveau gouvernement, aggravé notre crise commerciale, en rendant plus imminente une guerre ou une invasion, dont ils n'ont rien à redouter. Ce sont eux qui ont organisé et couronné d'un plein succès la campagne de Mina contre l'Espagne, en soulevant sur le papier l'Aragon, et en blessant mortellement, avec les mêmes armes, le capitaine-général de la Catalogne, qui n'a jamais daigné venir se mesurer avec une poignée de bandits ; ce sont eux qui avaient transformé en général carliste enrôlant pour *la Vendée*, un général qui embauchait pour le compte des *aventuriers espagnols*.

A les entendre, l'Europe les réclame, les appelle comme des amis, des libérateurs, tandis qu'elle s'armerait tout entière pour les écraser comme des oppresseurs, des désorganisateurs et des vampires. Les nombreux Ministres eux-mêmes qui se sont succédé dans la courte durée du nouveau règne, n'ont voulu ni reconnaître les titres qu'ils s'étaient arrogés, et qu'il a fallu déposer sur les bancs de la police correctionnelle, ni récompenser leurs services éphémères, pour ne pas déshonorer tout-à-fait un triomphe qu'ils maudissent peut-être déjà dans le fond de leur conscience ; car le projet avoué de la société Guizot était la résistance légale, le refus de l'impôt, mais non la révolte. Ce sont eux que M. Dupin aîné a si bien dépeints, en disant : « Qu'on arrête ces prétendus amis du » peuple, qu'on les fouille et l'on est sûr de trouver » dans la poche de chacun un placet en bonne » forme, pour demander au Ministre une préfec-» ture ou une recette générale, sans exiger la moin-» dre diminution de traitement. »

Jusqu'à ce qu'ils aient atteint ce but, pour eux le mot de liberté est toujours synonyme d'anarchie ; dès que l'ordre et les lois ont repris la place du désordre et de la licence, ils crient à la tyrannie, au despotisme rétrograde ; il n'y a que les noms de changés ; leurs idoles d'hier ne sont plus aujourd'hui que des *Gérontes ;* ils veulent une *république,* une *émancipation intellectuelle,* semblable à la *réforme orthographique* de M. MARLE : il faut mettre à la retraite le bon sens et le génie qui n'en est que le perfectionnement, pour y substituer la fougue de leurs passions déchaînées. Ils s'irritent de ce que la révolution n'ait encore profité qu'aux avocats qui se sont rués sur les places, aux huissiers qui font les protêts, aux commissaires-priseurs qui ont

vendu à Paris jusqu'à 150 mobiliers en un jour !
Il leur faut aussi de l'or à pleines mains , tandis
que la France désœuvrée meurt d'inanition ! ! !...

Ils appelleront bientôt *rococo* leur chansonnier
favori , auteur condamné de la *Gérontocratie* , à
moins qu'on ne fasse commander les armées par des
conscrits ; qu'on ne remplace la Chambre des Pairs
par un *Sénat à vie*, composé de *mineurs émancipés*,
et qu'il ne soit interdit aux électeurs de nommer un
Député âgé de plus de vingt ans et payant une obole
de contribution foncière. Les journaux savent si
bien les entretenir dans ces belles idées ; voici un
de leurs derniers traits : *La Chambre des Députés est
déjà jugée ; si les Ministres ne sont pas condamnés à
mort , que fera-t-on de la Chambre des Pairs ?* Ils
n'osent pas dire encore : *Que fera-t-on des trois
pouvoirs de l'état et de l'état lui-même* ! ! !....

MOYENS

DE RÉDUIRE CETTE SECTE D'ANARCHISTES ET D'AMBITIEUX DE PLACES,
A L'IMPUISSANCE DE TROUBLER L'ORDRE PUBLIC.

Il y a mille fois plus de vandalisme et de cruauté
dans cet axiome effroyable de nos régénérateurs
modernes : *L'insurrection est le plus saint des devoirs*,
que dans les anciennes théories du gouvernement
absolu professées par Machiavel.

Henri VIII viola toutes les lois divines et humaines ; il se fit un jeu du parjure et de la plus
horrible tyrannie : son règne fut pourtant moins

funeste à l'Angleterre que les révolutions de 1640 et de 1689, parce qu'il maintint l'ordre public, tandis que Cromwel et Guillaume appuyèrent leur usurpation sur la révolte.

Catilina ne choisit point ses conjurés parmi les porte-faix de Rome, mais parmi ces vils transfuges des hautes classes de la société, perdus de dettes et d'honneur, toujours prêts à bouleverser un état, pour ressaisir, par le plus odieux de tous les crimes, ce qu'ils ont perdu par le désordre et la débauche; ils sont contraints de s'adjoindre ensuite comme instrumens de force matérielle, les hommes du plus bas degré de l'échelle sociale, de même que Mirabeau, Robespierre et Marat; mais après la victoire, dans le partage du butin, leurs instrumens deviennent leurs égaux, et quelquefois leurs mortels ennemis. Qu'on interroge les pages de l'histoire : ainsi finissent ordinairement les conjurations contre l'ordre et l'autorité des lois.

Les républiques ont leurs coups d'état comme les monarchies absolues. Les dictateurs, le *caveant consules* des Romains, la suspension de l'*habeas corpus* en Angleterre, l'article 14 de la Charte de Louis XVIII répondent à cet immuable principe de conservation tiré de la loi naturelle : *Salus populi suprema lex esto*, que nous devons mettre en pratique, si nous ne voulons pas que nos voisins le tournent contre nous pour leur propre salut.

Laissons de côté les disputes de mots, les subtilités diplomatiques : l'anarchie, la désorganisation d'un gouvernement légitiment l'intervention des états voisins, aussi bien que l'incendie d'une maison réclame l'appui tutélaire des propriétaires qui l'environnent, pour empêcher que tout ne devienne la proie des flammes.

Nos hommes d'état du 29 juillet n'ont pas mieux profité de l'avertissement du 18 octobre que leurs devanciers de l'événement de la rue St-Denis, après les élections de 1827 ; les uns et les autres n'ont vu qu'une répétition identique de ce qui s'était déjà passé, dans une conflagration générale, fomentée de longue main par des journaux parricides contre des gouvernans qui peuvent à peine maîtriser aujourd'hui une populace réduite au désespoir de la misère, prête à devenir l'instrument de quelques ambitions *déçues* et *déchues.*

Tant de leçons données et perdues prouvent qu'il est plus difficile de faire un 13 vendémiaire, qu'un 14 juillet, qu'un 10 août, qu'un 29 juillet, parce que chez nous la résistance ne sait jamais tout prévoir et proportionner ses forces à celles de la révolte, tandis qu'elle devrait les doubler, les outrer même : fatale présomption qui perd les empires.

On dit que nos voisins savent mieux s'y prendre en Italie : des conspirateurs vont au spectacle pour donner le signal de l'insurrection ; le théâtre est entouré de toutes parts, la toile se lève, et au lieu des acteurs ordinaires, deux régimens de grenadiers hongrois mettent en joue les agitateurs qui sont arrêtés et jugés suivant les lois sans *la moindre secousse ultérieure :* que le fait soit vrai ou faux comme tant d'autres nouvelles du même genre ; c'est ainsi qu'on sauve les empires.

O vous qui n'avez pas craint de nous précipiter dans cet abîme de malheurs ! pour concentrer dans une coterie toutes les faveurs du pouvoir ; vous qui avez forcé un Roi de votre choix d'accepter une couronne plus dévorante que la robe de Déjanire, faibles arbitres de nos destinées, au lieu de présenter une loi intempestive sur la liste civile de votre règne improvisé, pour la retirer ainsi que tant d'autres projets mort-nés, demandez aux Chambres réunies des lois pour la sûreté intérieure de l'état, évidemment compromise ; cessez de vous appuyer sur votre tremblante popularité. Applaudissez-vous aujourd'hui de n'avoir combattu que par des protestations *non signées*, dans les immortelles journées, dont la France se relèvera peut-être, si l'on prend des mesures énergiques. Retirez-vous, si vous avez peur, laissez vacant le timon de l'état..... ou plutôt, ne vous retirez pas ; car on ne sait encore qui voudrait prendre votre place....

Nobles Pairs, Députés, veillez au salut de tous ; le moment est venu d'user du droit que vous donne la nouvelle Charte de proposer des lois d'urgence : la nécessité doit parler plus haut que toutes les considérations particulières.

Il faut sauver l'état ou périr avec lui.

Tout bon Français n'a plus que cette devise ; vous ne pouvez en avoir d'autre, la patrie éplorée réclame votre appui, vous êtes sa dernière ressource.

Exigez que Paris soit à l'instant purgé de tous les

individus qui pourraient devenir hostiles au gouvernement dans une émeute populaire, tels que les forçats libérés, les repris de justice, les filous, les escrocs, les intrigans de bas étage, les ambitieux de places signalés par M. Odillon-Barrot.

Toute la population est de 800,000 ames; ce qui donne environ 160,000 hommes capables de porter les armes pour la sûreté des personnes, des propriétés, pour l'exécution des lois et le maintien de la paix publique. La moitié de ce nombre est évidemment bien intentionnée dans son propre intérêt. Qu'on fasse, sans aucun délai, un rigoureux dénombrement du reste. Tous les manufacturiers, chefs de commerce et d'ateliers se feront un devoir de fournir à l'autorité les plus amples renseignemens sur le compte de leurs subalternes. Qu'on renvoie, avec des feuilles de route et l'indemnité de trois sous par lieue, tous les hommes valides qui manquent de travail et refuseraient d'en accepter dans les ateliers publics; ceux qui, dépourvus de moyens d'existence, ne voudraient pas figurer dans les rangs d'une garde nationale salariée, habillée aux frais de l'état, commandée par des chefs militaires sur lesquels on puisse compter, en sorte qu'il ne demeure dans la capitale pas un seul individu dont on puisse suspecter la moralité et les intentions.

Les vieillards, les infirmes, les femmes, les enfans ne doivent inspirer aucune crainte; ils forment rarement le cortége des aventuriers, des agitateurs, des gens sans aveu et sans domicile; d'ailleurs la faiblesse de leur âge et de leur sexe les rend peu redoutables à la sûreté publique. Indépendamment des secours accordés à un *dixième* de la population parisienne par les bureaux de bienfaisance , l'humanité veut qu'on donne asile dans les dépôts de mendicité ou dans un lieu de refuge séparé , à tous ceux qui ne peuvent subsister du travail de leurs mains.

Pour les opérations préliminaires , tous les bons citoyens composant la garde nationale non salariée, deviendront les auxiliaires zélés de l'autorité municipale de chaque arrondissement ; ils se chargeront volontiers dans leurs quartiers respectifs, des visites et du recensement à domicile pendant l'intervalle d'un tour de garde à l'autre.

Que les logeurs et les propriétaires d'hôtels garnis soient tenus , sous des peines sévères , de donner chaque soir à la police une liste exacte et détaillée des personnes arrivées à Paris , pour qu'on accorde ou qu'on refuse le lendemain des permis de séjour. C'est dans les circonstances graves que ces mesures de précaution doivent être rigoureusement exécutées. Une infinité d'agitateurs ne pourraient soutenir cet examen de police, sans être reconnus pour des gens mal-intentionnés.

Que la surveillance la plus active soit exercée dans les écoles de droit et de médecine , dans les cours publics où les agens provocateurs ont tant de prise sur quelques jeunes cerveaux sans expérience , *déli-rant de cupidité*, rêvant une préfecture , une magistrature élevée, à l'aide d'un bouleversement politique, en récompense de quelques vociférations, et de quelques

pavés arrachés, lancés contre les réverbères, ou en-
tassés en barricades, comme dans les mémorables
journées de juillet, où 100,000 combattans postés
derrière leurs fortifications, ont tué ou blessé en trois
jours et trois nuits 375 Suisses ou gardes royaux, qui
ne formaient pas en tout un effectif de 5,000 hommes.

En attendant qu'on puisse exécuter un plan général d'*école préparatoire et supplémentaire* pour ces
jeunes gens, comme pour les élèves des écoles
normale et polytechnique, que leurs parens envoient
à Paris pour étudier, non pour faire des lois, de
l'opposition dans les rues, sur les places, et des
insurrections contre leurs professeurs, contre les
Chambres, contre le Ministre de l'instruction publique et contre le gouvernement établi ; on sera
forcé, s'ils ne veulent pas obéir à la voix de la raison,
de suspendre les cours et de les renvoyer dans leurs
foyers, au lieu de leur adresser des remercîmens
dédaignés, qui nous rendent la fable de l'Europe.

Qu'on ne vienne plus nous dire que *nos enfans
de quatorze ans sont des géans ;* ces hyperboles parties
de la tribune ne sont propres qu'à en faire des sots
présomptueux, et à les dégoûter du travail et de
l'étude. Que MM. Châteaubriand et Guizot, avec
leur supériorité de génie, aillent interroger les
quatre cents titans de nos écoles qui voulaient naguère escalader le ciel sur la place du Panthéon ;
ils se convaincront de leur étrange méprise ; que
M. Ducaurroi leur fasse subir ensuite un examen
de droit, et l'on verra qu'ils ne savent pas même
ce qu'on leur a si clairement enseigné.

Ne jugeons pas trop sévèrement, Messieurs, les mesures que vient de prendre le Roi de Sardaigne contre ces jeunes étourdis ; il ne veut pas que son peuple et tous les gens sages et paisibles soient victimes de quelques brouillons criant sans cesse à la tyrannie, et prêts à devenir eux-mêmes les plus implacables des tyrans, dévorés qu'ils sont par la haine et l'envie d'emporter d'assaut des positions sociales élevées, au lieu d'y arriver par des moyens légitimes.

L'empire romain eut ses Caligula, ses Néron ; lâchez la bride aux Brutus du jour ; vous aurez bientôt des milliers de Néron, comme en 93. Le despotisme qui vient d'en-bas est mille fois plus cruel que celui qui vient d'en-haut. Que sont les sanglantes exécutions reprochées au sultan Mamouth, en comparaison de celles du comité de salut public ? Qui n'aimerait mieux vivre sous le sceptre de fer des despotes de l'Orient que sous le constitutionalisme révolutionnaire d'un ramas de monstres à face humaine qui mettraient volontiers leur patrie à feu et à sang, pour acquérir, sans aucun travail, de l'or et du pouvoir ?

Nous connaissons à présent la véritable cause de cette modération qu'on nous vante dans la victoire des trois journées ; elle n'est due qu'à la présence des principaux meneurs qui avaient beaucoup à perdre, et des troupes qu'on s'attendait à chaque instant à voir reprendre l'offensive. Quand M. Laffite et M. Audry de Puyraveau, qui confesse aujourd'hui à la tribune avoir conspiré contre le gouvernement de Charles X , en faveur de Louis-Philippe Ier , et leurs amis , vinrent offrir la paix le 28 juillet ; les insurgés se croyaient perdus , et ils l'eussent été en effet , sans la neutralité des régimens de ligne. Le duc de Raguse et ses soldats disaient : Nous avons des ordres et des armes , *il faut que force demeure à l'autorité.* D'ailleurs cette résistance a donné le temps à la garde nationale de s'organiser , pour sauver les 250 millions métalliques contenus dans les caves de la banque de France.

Dans l'insurrection de Paris , comme à Waterloo , la garde a donné une preuve éclatante de courage ; elle mourait , elle ne se rendait pas ; elle ne s'est pas plus rendue que les compagnons de Cambronne et leur intrépide général. Il y avait là des soldats d'Austerlitz, d'Iéna , d'Eylau , de Friedland et de la Bérésina. Quel reproche peut-on faire à ces braves? ils ont tiré, par les ordres de leurs chefs , sur des révoltés en armes , sans examiner si l'on avait ou non donné trop d'extension aux dispositions de l'art. 14 de la Charte constitutionnelle ; ils n'ont vu là qu'une émeute, qu'une insurrection contre un gouvernement établi , et non une résistance légale : il fallait bien qu'on leur distribuât de l'argent , puisqu'ils manquaient de vivres depuis quarante-huit heures.

Comment se conduisit Buonaparte le 13 vendémiaire (6 octobre 1795), lorsque la convention nationale envoya la force armée pour dissoudre les sections insurgées? il fit couler le sang le plus pur des Parisiens, en mitraillant les citoyens les plus recommandables, membres de la garde nationale, qui ne voulaient faire de mal à personne, mais s'opposer à la tyrannie d'une poignée d'ambitieux sortis de la fange révolutionnaire. Buonaparte fut donc le Marmont du 13 vendémiaire; Marmont a été le Buonaparte des trois journées. Marmont en a témoigné ses regrets, en disant : *C'est une des fatalités de ma vie !* Buonaparte n'a jamais daigné s'en excuser, et pourtant Buonaparte ne devait sa qualité de Français qu'à l'insurrection de la Corse contre la république de Gênes.

En 1830, les Ministres de Charles X avaient violé la Charte, par une interprétation trop large de l'art. 14 ; en 1795, les directeurs avaient substitué à la constitution une constitution nouvelle ; mais les Ministres de Charles X ont été vaincus, et le directoire fut vainqueur ! Le général Menou refusa d'attaquer les sections insurgées ; Buonaparte, qui voulait parvenir, n'y regarda pas de si près. Consultons un peu l'histoire de nos discordes civiles, avant de nous montrer si implacables contre les imitateurs de Napoléon-le-Grand...

Jetez un coup-d'œil, Messieurs, sur les maux du pays. Quoique le ciel nous ait visiblement favorisés par une température douce dans la saison des frimats qui semblait avoir épuisé ses rigueurs en un seul jour, qui est-ce qui reconnaîtrait, le 5 janvier 1831, la France du 24 juillet 1830 ?

Monsieur Peel, du haut de la tribune anglaise, n'a que très-imparfaitement esquissé le tableau

de nos misères. Il n'a pas dit que l'industrie fran-
çaise avait commis le plus épouvantable des suicides,
en poussant à la révolte ; que nos manufacturiers,
malgré les inutiles secours du gouvernement,
étaient forcés de renvoyer aujourd'hui, faute de
travail, ces ouvriers , ces commis qu'ils avaient
lancés contre la force armée dans les mémorables
journées. Il n'a pas dit non plus que nos fonds
publics , éprouvant en six mois , en dépit des
efforts de deux Ministres des finances expérimen-
tés, une baisse égale au cinquième du capital ,
avaient causé un déficit énorme dans les caisses
de nos banquiers , que tant de sinistres exemples
n'ont encore pu guérir du funeste agiotage de la
hausse et de la baisse. Il n'a pas vu le désespoir de
nos villes manufacturières et maritimes, causé par
la chute inouie de ces maisons colossales , dont le
crédit avait survécu à toutes nos révolutions ; la
cité du 12 mars en deuil ; la consternation de
Reims comptant déjà dans le registre public des
bilans une perte de quatorze millions ; partout
la confiance éteinte ; la banque , le grand et le
petit commerce ruinés par des catastrophes, faisant
pénétrer la gêne et le besoin jusque sous les lam-
bris de l'opulence ; de scandaleuses destitutions
de receveurs-généraux , des démissions forcées de
députés industriels ayant la même cause ; les capi-
taux retirés de la circulation par les rentiers, aimant
mieux sacrifier une année de leur revenu, que de
s'exposer à des chances si désastreuses ; les banquiers prudens et solvables refusant à la fois d'es-

compter le papier et d'accepter l'argent qu'on leur offre, même sans intérêt ; le luxe restreignant ses dépenses de plus de moitié dans toute l'étendue du royaume ; les plus riches propriétaires désertant nos cités, pour vivre avec parcimonie au fond de leurs châteaux, en attendant des jours plus prospères. Le silence du *Moniteur* sur les produits des deux derniers trimestres faisant présumer un déficit alarmant ; le recouvrement des deniers publics entravé dans plusieurs provinces par des insurrections partielles de la population, s'imaginant secouer le joug de plomb de la misère, en s'affranchissant du joug des impôts ; le plus beau, le plus vaste quartier de Paris, le faubourg Saint-Germain, naguère si animé et si brillant, abandonné par ceux qui nourrissaient ses cinquante mille habitans, et quinze mille domestiques sans emploi venant grossir la foule des nécessiteux ! ! !....

J'entends quelques-uns de nos optimistes qui n'ont jamais couru le moindre danger personnel, même dans les trois journées, s'écrier : Tant mieux ! on en fera des soldats ! soit. J'approuve cet expédient ; c'est le moyen le plus noble de secourir la misère d'un Français ! mais il ne faut pas l'employer à demi. Une ordonnance de M. le vicomte de Caux, publiée sous le ministère de M. Bourmont, améliora le sort des officiers, en élevant le taux des retraites ; elle a été confirmée par le gouvernement de Louis-Philippe. Faisons plus pour ceux qui doivent nous affranchir d'une troisième invasion et d'une contribution de guerre de deux milliards ; améliorons le sort de toute l'armée, qu'on augmente dans une juste proportion avec le traitement des grades supérieurs, la paie du simple soldat et du sous-officier, pour rendre l'ordinaire meilleur et la masse plus considérable, comme dans la garde. Payons plus généreusement ceux qui versent leur sang pour nous, que ceux qui les envoient à la bouche du canon. On fait en une heure quatre-vingt-six préfets et quatre-vingt-six receveurs-généraux; il faut un an ou mille dangers pour faire un bon officier et un bon soldat. M. de Villèle s'était emparé des caisses des régimens „pour soutenir le syndicat de ses favoris; les leur a-t-on restituées depuis lors? Cette injurieuse ordonnance a-t-elle été solennellement révoquée? Je l'ignore.

En augmentant les dépenses d'un côté, il est indispensable de les diminuer de l'autre. On marche avec trop de timidité dans la voie des économies administratives et financières. La nouvelle ordonnance de M. de Montalivet sur les traitemens des préfets, n'a réduit que d'un cinquième ce qu'elle aurait dû réduire de moitié, d'après l'échelle du consulat de l'an 8, qui ne les portait que de 8,000 à 24,000 francs, et non de 16,000 à 36,000; sous un gouvernement à bon marché, dans des circonstances aussi accablantes, doit-on être plus prodigue que sous le consulat de l'an 8, après la victoire de Marengo? Pourquoi renvoyer cet amendement à la discussion du budget? Que de membres riches et instruits de nos conseils-généraux accepteraient une préfecture, sans autre rétribution qu'un bel hôtel, la considération et les prérogatives attachées à cette haute magistrature, dont tout le travail retombe sur le secrétaire-général et les conseillers, et occupe moins le titulaire que les fonctions de maire d'un chef-lieu de département tout à fait gratuites ! Le dictateur de la Pologne a refusé une pension de 200,000 florins : souffrirons-nous que l'étranger seul donne l'exemple du désintéressement ? La loi électorale ne reconnaît que des colléges d'arrondissement : la conséquence nécessaire de cette disposition doit être la suppression de tous les receveurs-généraux; les receveurs d'arrondissement suffisent. Abolissons ce double prélèvement sur la levée de nos contributions ; elle coûte en France 16 à 17 pour cent, tandis qu'en Angleterre la ferme n'exige pas plus de huit.

Ces économies de plusieurs millions et une infinité d'autres profiteront aux soldats qui vont défendre le pays. Ne croyons pas qu'une armée russe formidable, attirée en Pologne par l'insurrection, consente à repasser le Niemen, avant d'avoir tenté une expédition contre Paris, que l'Autocrate du nord regarde comme le véritable foyer de la révolte et de la propagande.

Contemplez, Messieurs, l'état de l'Europe en armes ! comptez les victimes d'une insurrection ; elle en fait plus en un seul jour, qu'un gouvernement établi, quel qu'il soit, en un siècle. Quelle épouvantable confusion ! Quel enchaînement de crimes et de châtimens ! Une dynastie périt par où elle avait péché 142 ans auparavant. En 1688, Guillaume, prince d'Orange, insurge l'Angleterre contre Jacques II, son beau-père ; en 1830, une insurrection enlève à l'un de ses descendans la plus belle partie de ses états, sans qu'il l'ait provoquée par des ordonnances, par aucune violation des lois fondamentales du royaume. On lui reproche seulement de donner tous les emplois de la Belgique aux Hollandais, ses premiers sujets et ses co-religionnaires. Quoi d'étonnant ! Bruxelles fut long-temps le réceptacle de nos républicains, de nos conspirateurs, de nos régicides ; la ville de Gand proteste encore aujourd'hui de son dévouement et de sa fidélité au Roi constitutionnel que le gouvernement représentatif n'a pas mieux préservé de la révolte qu'un gouvernement absolu !

Vous ne verrez partout que des révolutionnaires de places. Quels étaient les révoltés du 18 octobre et des trois journées de décembre ? les mêmes qui s'insurgèrent les 27, 28 et 29 juillet, quoi qu'en ait dit l'illustre libérateur insurgent des deux mondes ; ils n'en voulaient pas aux Ministres de Charles X, mais au pouvoir, aux millions de la banque. Ils demandent la *république*, les scélérats ! quelle république, grand Dieu ! Ils savent bien qu'il n'en est plus pour la France de possible que l'anarchie des six derniers mois de 93, et des six premiers mois de 94 ! Le ciel préserve l'univers de l'accomplissement de leurs exécrables désirs !

La France entière, Messieurs, veut *la monarchie selon la Charte*, elle ne veut point *l'anarchie sous prétexte* de la nouvelle comme de l'ancienne Charte. Paris ne contient que la quarantième partie du peuple français ; si nonobstant l'héroïque dévouement de sa brave garde nationale, et toutes les mesures que peut suggérer la prudence et autoriser la loi, cette ingrate cité s'obstine à troubler la paix publique, abandonnez-la à sa malheureuse destinée ; fiez-vous au bon sens de nos provinces ; venez continuer vos travaux dans la seconde ville du royaume ; Lyon vous tend les bras, c'est la terre classique de l'ordre public uni à la liberté, du courage réfléchi, de la modération, du travail et de l'économie, sentimens si bien exprimés dans le *dernier projet d'adresse* à la garde nationale de Paris ; vous y serez environnés et défendus jusqu'à la mort par ses généreux habitans, par ceux du Beaujolais, du Forez, du Bourbonnais, du Mâconnais, de la Bourgogne, du Dauphiné, de la Bresse et du Jura.

Si quelques hommes du pouvoir se montraient assez aveugles et assez flagorneurs de la licence, qu'ils sont inhabiles à réprimer, pour vous dissoudre après la nouvelle loi électorale, vous seriez tous réélus, en vous en rendant dignes. Que rien ne vous arrête ; le desséchement de la presqu'île de Perrache, l'endiguement du Rhône d'une extrémité à l'autre de la cité de Plancus fournit plus d'emplacement qu'il n'en faut pour bâtir le palais de nos Rois, ceux des deux Chambres et 10,000 maisons.

Qu'est-ce qui empêche que les Princes français ne changent de résidence, à l'instar des empereurs romains, et ne fassent jouir toutes les provinces des bienfaits de leur présence, pour augmenter la population tantôt sur un point, tantôt sur un autre, afin que chacun profite à son tour de l'emploi des revenus de l'état, auxquels chacun contribue pour sa part? Les sujets les plus dévoués et les plus fidèles seront-ils seuls déshérités de ce précieux avantage? Par ce moyen, la centralisation qui excite tant de plaintes et de mécontentement, serait enfin détruite.

Cette idée n'est pas nouvelle pour moi; j'ai donné le même conseil à la branche aînée des Bourbons en 1815 (1); on n'en a tenu aucun compte, comme de tous les avertissemens de ses véritables amis; puissent ses successeurs éclairés par vos lumières, être plus clairvoyans et donner enfin à la France une paix durable, que dix gouvernemens n'ont pu lui assurer depuis quarante années, à la suite d'une première insurrection des masses populaires, des forçats libérés, des repris de justice, des escrocs, des filous, poussés au massacre, au pillage, à l'incendie par des intrigans de bas étage, voulant parvenir à la fortune et au pouvoir, à quelque prix que ce soit !

MESURES PROVISOIRES

A PRENDRE CONTRE LES FORÇATS LIBÉRÉS, POUR QUE LEUR PRÉSENCE NE MENACE PLUS LA SOCIÉTÉ QUI LES REÇOIT, APRÈS LES AVOIR RETRANCHÉS DE SON SEIN.

Les grandes cités sont des serres chaudes où la paresse et le libertinage croissent forcément en crime.

Les lois pénales doivent avoir trois objets, la punition, l'exemple et la réforme : le dernier de tous

____

(1) *Les Crimes des Fédérés*, pag. 91 et 92.

a été constamment l'écueil du législateur; il devient presque impossible de l'atteindre, par l'effet même des deux autres, en ce qui touche les condamnés, surtout les forçats libérés. On a justement comparé nos bagnes à une pompe aspirant ce que les sociétés humaines ont de plus immonde, pour le vomir ensuite avec un nouveau degré de corruption.

Un homme prudent ne recevra et n'emploiera pas plus un misérable sorti du bagne, qu'il n'admettrait dans son troupeau une bête féroce échappée à ses gardiens. Cet être dégradé est naturellement porté au crime par l'habitude de l'infamie, par l'opinion qui le repousse, par la misère et le désespoir. C'est un ennemi mortel de la société qu'elle n'a banni quelque temps de son sein, que pour l'y voir rentrer plus hostile et plus implacable.

Les forçats libérés sont les plus redoutables auxiliaires de l'anarchie, parce qu'ils ne tiennent à rien, et qu'aucun forfait ne les arrête. Cela est si vrai qu'il s'en est trouvé parmi nos derniers incendiaires, et que le *Courrier Français* du 28 décembre annonce positivement que tous ceux des environs de Paris avaient rompu leur ban, pour s'y rendre dans ces jours de trouble et d'agitation. Ce sont eux qu'on chargea d'embraser Moscou pour sauver l'empire russe. Une journée de massacre, de pillage et d'incendie est pour eux un jour de fête : ils se plongent, ils se vautrent avec une délicieuse rage dans le sang qu'ils peuvent impunément verser. Sortis d'un enfer anticipé avec l'instinct satanique des complots, développé par une sorte d'enseignement mutuel, ils

volent au premier signal sous la bannière de l'insurrection contre la loi et les tribunaux qui les
avaient frappés : immoler des magistrats, des agens
de la force publique, leur semble la plus douce des
représailles !.....

Quel affligeant spectacle, Messieurs, pour les na-
tions civilisées, de voir l'élite de la France, la brave
garde nationale de Paris, de la capitale du monde
intellectuel, provoquée, insultée, lapidée, sans
pouvoir faire usage de ses armes, par la lie du
peuple, par des forçats ou des anarchistes dignes de
l'être! Voilà pourtant ce qu'on a semé en juillet, pour
le recueillir en décembre !

En vain l'on dira que le retour de pareils excès est
impossible, parce qu'il ne se représentera plus de
conjoncture semblable à celle du procès des Ministres de Charles X ! étrange objection des aveugles
qui veulent nous conduire ! Comme si le plus petit
incident, un incendie, je le suppose, allumé dans le
quartier du Palais-Royal par les agitateurs eux-
mêmes, de quelque parti qu'ils soient, annoncé
à l'avance comme un signal aux forçats, aux repris de justice, aux filous, aux escrocs, enivrés dans
les tavernes voisines, au milieu d'une nuit froide et
obscure de cet hiver que la misère rend si calami-
teux, ne serait pas un moyen encore plus infail-
lible pour l'insurrection préméditée d'exécuter de
sinistres projets !!!..... Vous frémissez, Messieurs,
j'en ai frémi avant vous !....

Le gouvernement occulte que je dénonce, ne
ressemble en rien à celui que signalait en 1818 un

magistrat qui vient de porter la parole devant la Chambre haute.; ses forces ont trahi son courage, quoiqu'on lui supposât l'éloquence de Jean-Jacques, flambeau genevois, qui éclaira les funérailles du trône, ainsi que son digne compatriote Neker d'insurrectionnelle mémoire.

Qu'on m'appelle apôtre du droit divin, ganache, perruque, momie, *géronte*, quoique je n'aie jamais été d'aucune *gérontocratie;* que m'importe? Victime roturière de 93, dans la personne et la fortune de mes pères, sans indemnité, j'ai conservé un courage civil au dessus de tout événement; dussé-je y jouer ma tête comme les Ministres de Charles X, je laisse ici parler la vérité avec l'abnégation de ce paysan du Danube, dont je n'ai malheureusement pas la brûlante énergie ; mais à quoi bon les mouvemens oratoires, quand les faits parlent plus haut que tout ce qu'on peut dire?

L'égoïsme nous entraîne et nous perd; les Décius politiques manquent en France ; dévouons-nous pour les générations futures; songeons, Messieurs, qu'un si généreux exemple est encore jeune d'immortalité et de gloire, même après deux mille ans, et le sera jusqu'à la fin des siècles. Arrachez le masque aux anarchistes, montrez-les aux yeux du pays tels qu'ils étaient, tels qu'ils sont, tels qu'ils devraient être, des forçats libérés ; ou peu s'en faut.

Nobles Pairs, Députés, plusieurs hommes très-recommandables, desquels je vénère les intentions et les lumières, vous ont présenté, pour nous délivrer de cette peste publique, des forçats libérés, dans des écrits que j'ai sous les yeux, une infinité de mesures, dont l'exécution exige beaucoup trop d'années et de millions.

M. Charles Lucas, auteur *du Système pénal*, *du Système répressif en général et de la peine de mort en particulier*, dans son histoire *du Système pénitentiaire en Europe et aux États-Unis*, précédée d'une pétition, vous a proposé *d'allouer*, comme le meilleur moyen de prévenir les crimes, une forte somme à l'instruction primaire, et d'exécuter, comme le meilleur moyen de les réprimer, l'ordonnance du 9 septembre 1814, relative à l'adoption du système pénitentiaire en France, ordonnance dont l'exécution n'a été suspendue que par les événemens du 20 mars, et le sera probablement encore davantage par ceux du 29 juillet.

Ce publiciste profond a fait ressortir dans ce précieux document l'étrange rapprochement de 50,000 francs pour l'éducation des hommes et 1,800,000 francs pour celle des chevaux, que présente le dernier budget voté par les trois cents de M. de Villèle.

M. Charles Lucas nous a aussi donné la traduction du *Code de réforme et de discipline des prisons*, en 337 articles, de M. Édouard Livingston, et de l'*Introduction* ou exposé des motifs, immense travail poursuivi pendant plusieurs années avec une attention qui ne s'est jamais ralentie, attestant à la fois la profondeur de science et de vues, la philantropie, le patriotisme désintéressé, l'admirable persévérance et la modestie de l'auteur qui termine ainsi son ouvrage :

« Je soumets respectueusement ce projet à l'exa-
» men du corps législatif, dans l'espoir qu'après
» que sa sagesse aura suppléé à ses omissions et
» en aura corrigé les erreurs, il deviendra la base
» d'un système, au moyen duquel l'instruction
» sera améliorée, l'oisiveté et le vice réprimés, le
» nombre des crimes diminué, et la somme de la
» prospérité humaine augmentée. »

M. Barbé-Marbois a aussi publié un intéressant écrit, contenant des renseignemens précieux sur les colonies des déportés anglais, et peu favorable à un système général de colonisation de nos forçats mille fois plus corrompus que ceux de Botany-Bay, à cause de l'extrême sévérité de la législation crimi-nelle anglaise, prodiguant la mort pour des délits qui souvent ne devraient entraîner qu'une simple peine correctionnelle.

« Dans l'année 1825, douze Anglais seulement
» furent convaincus d'avoir versé le sang de leurs
» semblables, et cependant plus de mille ont été
» condamnés à mort. » (*Revue encyclopédique,*
mai 1827.)

« En 1826, sur 11,095 condamnations, 1,200
» ont été à mort en Angleterre, tandis qu'en France,
» sur 4,348 condamnés, il n'y en a eu que 150 à
» mort. » (*Revue de juin* et le *Statistical illustrations,*
ouvrage anglais.)

Enfin, M. Quentin, dans son excellent *Mémoire*
sur les forçats, couronné par la société académique de

Mâcon, publié en 1828, a indiqué une infinité de mesures qui ne laissent que l'embarras du choix, telles que l'admission des forçats libérés dans les pionniers, dans les ateliers de travaux d'utilité publique extraordinaires, pour prévenir les inondations, dessécher les marais, faire des routes nouvelles et des canaux; la déportation limitée, la déportation volontaire ou forcée, etc. etc.

Aucun de ces moyens, Messieurs, ne m'a paru assez prompt et assez efficace, pour débarrasser sur-le-champ nos grandes villes, surtout Paris, d'aussi dangereux habitans; c'est à l'ordonnance de 1828, due à M. Hyde-de-Neuville, alors Ministre de la marine, sur la classification des forçats en diverses catégories destinées chacune à un port séparé, et assignant le port de Toulon à la moins criminelle de toutes, que je suis redevable de l'idée que je soumets respectueusement à vos méditations.

Tous les condamnés, libérés des travaux forcés et de la réclusion, sont en état de dégradation civique, et sous la surveillance de la haute police jusqu'à leur réhabilitation; le gouvernement a, pour ainsi dire, sur eux un pouvoir discrétionnaire; il peut les reléguer à volonté dans le lieu de leur naissance ou dans toute autre résidence qu'il lui plaît de désigner.

Mon projet, Messieurs, est d'une exécution aussi simple que facile : le port de Toulon est sans contredit celui de la France, où les travaux, les armemens sont plus considérables et plus multipliés; sa rade, son arsenal, orgueil de la nation, excitent l'envie de nos voisins ; le doux climat, le beau ciel des îles d'Hyères, en font un lieu de délices, pendant que les autres contrées souffrent des rigueurs de la saison. Aussi M. Hyde-de-Neuville a-t-il réservé ce bagne, comme une espèce de faveur, pour les condamnés au *minimum* de la peine.

Les forçats libérés méritent quelques égards de plus que les forçats en activité, ne fût-ce que pour prévenir les récidives. Il s'agit donc, Messieurs, de transporter dans un autre port les forçats du bagne de Toulon, et d'assigner cette dernière ville comme lieu de refuge et de surveillance à tous les forçats libérés de Paris et des autres grandes cités ; ils seront contraints de s'y rendre sans délai avec une feuille et une indemnité de route ; ceux qui n'auront point d'autres moyens d'existence, reprendront leurs anciens travaux en hommes libres ; ils seront payés, nourris, logés par l'état, à moins qu'ils ne préfèrent, si leur fortune ou le produit de leur industrie le permet, vivre indépendans comme les autres ouvriers. Là, ils n'auront plus à lutter contre les tentations de l'oisiveté et de la misère ; ils n'inspireront plus aucune crainte ; ils seront contenus et surveillés par une administration maritime forte et nombreuse ; leur bonne conduite sera mieux connue, mieux appréciée, et pourra amener une réconciliation entre eux et la société toujours prête comme une bonne mère à leur ouvrir ses bras, s'ils s'en rendent dignes par un repentir sincère, dont Dieu fit, hélas ! la vertu des mortels.

Après avoir examiné, Messieurs, sous tous les rapports imaginables, la mesure que je propose, elle me semble si raisonnable et si naturelle, que je m'étonne qu'elle ne soit encore venue à la pensée d'aucun de ceux qui ont traité cette matière ; et je persiste à la croire, de la part d'hommes aussi éclairés que vous, beaucoup plus susceptible de développemens avantageux, que d'objections sérieuses.

Achevons ce tableau, Messieurs, par un trait de mœurs, par un vivant exemple de la cupidité du jour prête à nous dévorer, si nous n'y mettons promptement un frein. Descendons de la haute ambition du comité directeur, jusques à celle d'un conducteur de forçats, naguère encensé par des journaux, en qualité de *héros de la chaîne* ! Daignez me passer, en faveur de la morale, cet épisode biographique, omis par M. Victor Hugo, dans *le dernier jour d'un condamné*, parce qu'il n'en avait pas, comme moi, acquis la connaissance positive. Dégradons les ambitieux de place, si nous ne voulons pas qu'ils dégradent la France aux yeux de l'univers qui nous contemple (1).

(1) J'ai lu dans le *Journal du Commerce de Lyon*, du 12 novembre 1828, copié ensuite par quelques journaux de Paris, ce singulier article :

« Le forçat Ponnet, qu'on a amené *seul et bien escorté* dans » la cour où s'opérait le ferrement, a donné au *capitaine de* » *la chaîne* sa parole qu'il ne ferait pas rebellion..... Le nou- » veau *capitaine* qui conduit la chaîne est un homme DE LA » FIGURE LA PLUS DOUCE, DU TON LE PLUS AIMABLE,

L'appât d'un lucre flétrissant a conduit un fils de famille des bancs de l'école à la chiourme ; la frénésie des gains illicites peut aller même jusqu'au

» et qui sait concilier *l'austérité de ses devoirs* avec *les égards* » *que l'on doit au* MALHEUR !!!!!......

Je n'y ai d'abord vu que la pièce d'or attachée à la plume qui avait tracé ce pompeux éloge, envoyé sur-le-champ *pour insertion* à la *Gazette des Tribunaux*, par son correspondant en titre, avocat de notre barreau, donnant aussi des articles au *Journal du Commerce* ; mais j'ai cherché à connaître les antécédens de l'objet de son élogieuse sollicitude, devenu justiciable de l'opinion publique, par une aussi étrange provocation et par les *nobles* fonctions dont il fait vanité.

Quel est donc ce nouveau capitaine *de la figure la plus douce, du ton le plus aimable*, qui n'a point jugé à propos de rester dans l'ombre comme le précédent adjudicataire d'une semblable entreprise ?

Ce n'est pas un *géronte*, c'est le jeune *Fortuné* MAILLARD, licencié en droit : ce nom prophétique qu'il reçut au baptême, fut sans doute le brillant horoscope de ses destinées futures ; c'est le fils d'un ancien procureur du Roi de Brives-la-Gaillarde, frère d'un magistrat siégeant dans le sanctuaire des lois, parent d'un Maréchal de France, non moins célèbre par ses exploits militaires, que par sa fin tragique, dont l'épouse s'est justement illustrée en poursuivant ses assassins. L'inconsolable douleur de cette nouvelle Artémise abrégea ses jours : combien son ame sensible doit être péniblement affectée, en voyant aujourd'hui du fond de son tombeau, un de ses légataires, conduire volontairement une bande de scélérats à leur flétrissante destination !

Qu'est-ce qui a pu décider un jeune homme de *la figure la plus douce, du ton le plus aimable*, pourvu d'une éducation libérale, à embrasser un si vil métier ? Son insatiable cupi-

crime. Si la place d'*exécuteur des hautes œuvres* rapportait cinquante mille livres de rente, elle serait briguée par une foule d'ambitieux de la même

dité, *auri sacra famés*, motif ordinaire de tous les crimes, comme de toutes les bassesses ! Il n'eut pas même l'excuse de la misère : c'est dans l'âge des espérances, de la générosité du cœur, qu'il a, sans nécessité, voué son existence à d'aussi abjectes fonctions. On a vu des malheureux menacer leurs familles honnêtes de se faire *bourreaux*, si elles s'obstinaient à leur refuser des secours. Le nouveau capitaine de la chaîne n'a point rempli ce préliminaire, parce qu'il est depuis long-temps au dessus du besoin.

Où finit le pouvoir des lois pénales, commence le redoutable empire de l'opinion. Cette reine du monde prévient et punit plus de crimes que tous les tribunaux ensemble ; rien ne lui échappe, elle attache à son *carcan* ceux que le vengeur public ne saurait atteindre : son *glaive* est le *fouet* du ridicule, son *bagne* à perpétuité, le mépris universel.

Qui mérita mieux ses anathèmes, que l'homme qui a renoncé de gaîté de cœur à la société des honnêtes gens, pour celle des galériens ? Qui spécule sur l'accroissement progressif du nombre des meurtriers, des faussaires, des voleurs avec effraction et escalade ; qui trouve un nouveau Pactole dans les arrêts les plus rigoureux de la justice criminelle ; qui a sollicité et obtenu une prime sur chaque tête de ces démons à face humaine, que la vindicte des lois précipite dans l'enfer anticipé qu'on nomme *bagne ;* qui repaît chaque jour son ouïe et sa vue des cris de rage, des horribles blasphèmes, des grincemens de dents d'abominables réprouvés ; qui regarde comme ses cliens, ses plus chers contribuables, ces êtres dégradés, dont il rêve peut-être la récidive, après une évasion, ou l'expiration de leur peine ; qui s'est volontairement mis en butte à leurs sales invectives ou à leurs hideuses félicitations ; qui sourit en les entendant chanter :

trempe. L'indignation se soulève, quand on voit certains organes de l'opinion révolutionnaire encenser l'homme cupide, qui n'a pas craint d'im-

Où peut-on être mieux qu'au sein de sa famille? qui a fait de sa maison un arsenal de fers, de chaînes, de colliers sinistres; qui contemple d'un œil tranquille cette terrible opération du ferrement, pouvant se transformer en supplice de mort par le plus léger mouvement de tête de celui qui la souffre! qu'on a vu enfin au départ d'une bande moins nombreuse que les autres, verser des larmes d'avarice, et répéter d'un ton lamentable : *Pauvre chaîne! pauvre chaîne!* parce qu'elle ne promettait pas un bénéfice analogue à la soif de l'or qui le dévore.....!!! N'est-il pas mille fois plus blâmable que le bourreau lui-même qui ne doit ses redoutables fonctions qu'à une désignation forcée, poursuivant sa famille comme une lèpre héréditaire? encore dans les grandes cités telles que Paris, Lyon, Bordeaux, ne fait-il jamais d'exécutions en personne, mais par le ministère de ses valets.

Voilà pourtant l'homme qui s'est fait encenser dans les journaux avec tout le cynisme des Mémoires de Vidocq! C'est avoir une idée bien révoltante de nos mœurs, de l'honneur français, que d'oser tirer vanité de la manière dont on remplit des fonctions aussi infimes! Est-il besoin pour cela du *suprême bon ton*, de *la figure la plus douce*? Est-ce pour séduire les galériens, pour leur faire chérir leur sort, pour le rendre digne d'envie, et multiplier ainsi le nombre des adeptes?

D'ailleurs si l'étrange Mécènes du *Journal du Commerce de Lyon* possède des qualités si attrayantes, n'est-il pas à regretter plus vivement encore qu'elles deviennent le partage d'une bande de forçats, au lieu de faire le charme de la bonne compagnie? Est-il un honnête homme, une femme se respectant un peu qui voudrait rendre le salut à un pareil fonctionnaire? Est-il un père de famille qui consentît à le

moler au veau d'or son honneur et sa réputation, en cela mille fois moins digne de pitié que les Juifs du désert, qui payèrent leur idolâtrie du dernier supplice. Ces journaux désorganisateurs n'ont pas assez de formules laudatives pour les vieux régicides de fait ou de consentement, auxquels on devrait faire élever des statues.... par la main du bourreau !!! tandis qu'ils prodiguent des outrages quotidiens à ce que la France renferme de plus éclairé, de plus respectable et de plus auguste. M. Dupin aîné, votre honorable collègue, est l'objet continuel de leurs misérables sarcasmes ; combien s'écoulera-t-il d'années, avant que toutes les écoles de droit du royaume produisent un Martignac, un Dupin, un Sauzet, un Mérilhou ?

La liberté de la presse périodique n'est plus que la liberté de la calomnie et de l'apologie du mal :

nommer son gendre ? Ne devrait-on pas exiger qu'il portât un costume distinctif, pour qu'à la faveur de dehors si décevans, il ne pût s'introduire dans nos cercles, surtout à Paris, où l'on ne connaît que l'habit, où l'on ne juge les hommes que sur les apparences ?

On dit que cette spéculation rapporte cinquante mille livres de rente, que le gouvernement pourrait épargner, en confiant la conduite de la chaîne au lieutenant Thierry, dont Vidocq parle avantageusement dans ses Mémoires. Cet homme très-expérimenté recevait du précédent adjudicataire, qui a fait une fortune colossale, un traitement annuel de mille écus. Dès que le capitaine *Maillard* a connu, sous sa direction, ce qu'il appelle le fin du métier, il l'a renvoyé, pour donner sa place à un autre qui s'est contenté d'un appointement plus modique.

ses organes favoris se sont suicidés de même que l'industrie. Qu'est devenue la fougueuse opposition du *Courrier Français ?* Voyez le *Constitutionnel* naguère si plébéien , mis au rebut sur les tables de nos cabinets littéraires , en qualité de *vieille croûte , de géronte des gérontes ,* surtout depuis qu'il est à la solde du *ministère des banquiers ou des banquiers du ministère :* on pourrait appliquer avec une légère modification à ce dieu du journalisme, et au *Temps ,* son redoutable rival , ces beaux vers d'un grand poète , mort à vingt-six ans :

> *L'Eternel* a posé son tonnerre inutile ;
> Et d'*ailes* et de *faulx* dépouillé désormais
> Sur les *trônes* détruits le *Temps* dort immobile.

Qu'ont-ils fait en faveur de la tranquillité publique *avant, pendant et après* les trois journées de décembre ? Ont-ils seulement empêché que M. Boissy-d'Anglas ne retirât sa proposition d'enquête , et que la tribune érigée en confessionnal ne devînt le théâtre de bénignes apologies , sans *meâ culpâ ?* Ils se sont mis à la torture , pour transformer en conspirateur le charitable, le modeste abbé MARIE-BI-DOUX , l'honneur du clergé, l'émule des Chevérus et des Mallebranche , forcé de cacher son savoir et ses vertus , sous une blouse , pour traverser en sûreté la ville *sans pareille !*

D'autres sont devenus les trompettes de l'anarchie : pendant les deux mois qu'a duré le ministère Guizot, la *Gazette ,* pour entretenir son opposition , n'a eu besoin que de citer leurs violentes diatribes contre le pouvoir. Je voudrais bien qu'ils nous donnassent enfin les noms de ces coryphées de la liberté , de ces lumières sous le boisseau, de ces hommes de génie incognito, qui doivent surgir des assemblées primaires, pour sauver la patrie à l'instar de la convention nationale ! Que n'entrent-ils en lice , que ne se font-ils connaître ? Car on n'est pas disposé à les en croire sur la parole de ces prôneurs insolvables qui n'ont d'autre recommandation que leur défaut de cautionnement ; seraient-ce par hasard les rédacteurs cachés de ces feuilles éphémères ? Mais le gouvernement de la France ne saurait devenir la proie d'une société anonyme, sans aucune mise de fonds de la part des actionnaires.

Toute la France a vu les déplorables effets de la proposition de M. de Tracy sur l'abolition de la peine de mort ; je les avais prévus au commencement de septembre (1). La proposition de M. Bavoux , professeur suppléant à l'école de droit , préfet de police, aujourd'hui retiré loin du tracas politique dans les élucubrations positives de la cour des comptes , a valu à ses chers cliens qui n'ont pu obtenir sa réélection , une légère diminution sur le prix du timbre, du cautionnement et de l'affranchissement à la poste. On a considéré sans doute que la lecture des journaux n'était plus pour les Français un objet de luxe, mais un *pain quotidien* de première nécessité , surtout quand on n'en a point d'autre.

(1) *Le duc de Bordeaux , le duc de Reichsstadt , et la France Nouvelle* , pages 45 et 46.

(Très-bien!) Mais sous une ère de courage où tout le monde porte moustaches, excepté ceux qui ont jugé à propos de les raser, depuis les bruits de guerre, je m'étonne qu'on n'ait pas exigé qu'indépendamment de la signature bannale du *rédacteur-gérant*, le plus petit article *à priori*, où une personne quelconque serait nommée, fût signé en toutes lettres par son véritable auteur, afin que l'offenseur fût connu, et que l'offensé pût user de la plus légitime de toutes les défenses. C'est le coup mortel qu'il faut enfin porter à la calomnie, pour l'expulser de la France, ou la réduire à se taire.

Une personnalité anonyme m'a toujours semblé le plus lâche des guet-à-pens; je me suis constamment imposé le devoir de signer tous mes écrits; c'est une règle invariable à laquelle je n'ai jamais dérogé; je désavoue formellement ceux qui ne porteraient point ce certificat d'origine et qui me seraient faussement attribués; je déclare que je croirai indigne de réponse tout ce qui me serait adressé sans cette garantie explicite. Je ne redoute aucun ennemi, pourvu qu'il se montre à visage découvert.

Quel fruit auraient pu retirer l'imprimerie et la librairie de la proposition rejetée de l'immortel Benjamin-Constant décédé, les yeux baignés de pleurs, abreuvé d'amertume par les doctrinaires, si on l'eût adoptée?

Demandons aux ouvriers imprimeurs, chefs de file des combattans de juillet, ce qu'ils ont gagné à cette mémorable victoire? Quelques blessures et un secours de quinze francs une fois payé, pour retomber huit jours après dans la misère : ils ont en vain sollicité de nouveaux subsides, à l'effet de rentrer dans leur province , munis qu'ils étaient de certificats en bonne forme de ces tribuns désignés par le duc d'Angoulême dans une prétendue proclamation datée de Mataro, le 21 octobre 1830, publiée par le *Précurseur de Lyon*, du 7 janvier 1831. Au lieu du travail qu'ils cherchaient, ils ont trouvé partout les ateliers déserts, les grandes entreprises suspendues , les libraires en faillite. C'était bien le moment d'étendre le commerce de l'imprimerie et de la librairie, quand une grande partie des brevets non exploités est à vendre , quand tous les titulaires en activité sont prêts à céder leurs établissemens à perte. Pourquoi présenter ce nouveau moyen de ruine à l'inexpérience et à l'industrie qui a conquis à grands frais la liberté de se croiser les bras et de mourir de faim ?

Nobles Pairs, Députés , on a condamné M. de Nugent, auditeur au conseil d'état, démissionnaire, pour ses *Réclamations d'un Français ;* M. le comte Florian de Kérgorlay , pair de France , pour avoir écrit ; la *Gazette* et la *Quotidienne*, pour avoir imprimé à sa demande que l'ENFANT ROYAL VIVRA POUR LE BONHEUR DE LA FRANCE, ET NOUS SERA UN JOUR RENDU.

Puisque le ministère public se tait depuis cinq mois, je vous dénonce formellement, ainsi qu'au nouveau Ministre de la justice, à la face du monde entier, le plus monstrueux des attentats de la presse périodique. S'il eût été seulement dirigé contre *le jeune Prince exilé* et son auguste mère, ce ne serait qu'une infâme lâcheté; mais on a abusé, pour le commettre, du nom de LOUIS-PHILIPPE, alors lieutenant-général du royaume, portant aujourd'hui la couronne de France.

Le *Courrier Français* du 2 août 1830, a publié une fausse *protestation de S. A. R. le duc d'Orléans, contre la légitimité de la naissance du duc de Bordeaux*, datée du 30 septembre 1820. Cette pièce a servi de texte à deux grossiers libelles anonymes, le premier intitulé : *le duc de Bordeaux-Bâtard;* le second, *le faux Héritier*, répandus avec profusion dans tout le royaume. J'ai moi-même réfuté ces atroces calomnies dans un écrit déjà cité que je joins à ma dénonciation publique, comme pièce justificative. Les deux libelles sont si pitoyables qu'ils me semblent indignes de l'animadversion de la justice. Le *Courrier Français* est le seul vrai coupable; son *rédacteur-gérant* doit être puni suivant les lois appliquées à M. le comte Florian de Kergorlay. Quoique le duc d'Orléans ne fût, le 2 août, que lieutenant-général du royaume, confirmé par l'abdication de Charles X et de son fils dans cette dignité éminente, il était auparavant premier Prince du sang, et en cette qualité, son nom ne pouvait être impunément compromis par un journaliste qui a osé lui attribuer une pièce fausse et infâme, en prétendant l'avoir extraite des journaux anglais.

Cent voix généreuses s'élèveront parmi vous, pour obtenir justice de ce crime de la presse, et disputeront aux Châteaubriand, aux Martignac, aux Fitz-James, aux Arthur de la Bourdonnaie, aux Blin-de-Bourdon, l'honneur de défendre la cause du malheur, de la veuve et de l'orphelin, et de les venger d'une horrible diffamation !

Vous avez entendu ce dernier cri de détresse poussé par la Belgique :

« La liberté dont nous jouissons n'est qu'une
» gorgone ivre et couverte de haillons. Les honnêtes
» gens n'ont pas d'hommages pour une semblable
» déité !

» Cette douloureuse et humiliante situation du-
» rera jusqu'à ce que nous soyons rendus à un
» état monarchique reconnu de tous nos voisins,
» sous un Prince qui ait les moyens de nous rendre
» les relations commerciales qui ont fait notre pros-
» périté. Hors de là, pas de salut : pas de liberté
» véritable, pas de sécurité, ni de repos. »

J'achève ma tâche. Nous sommes chaque jour à la veille, Messieurs, d'une nouvelle éruption du volcan des révolutions ; cette fois nous ne pour-rions plus arrêter le torrent de sa lave dévorante : il faut combler cet abîme de feu, ou périr dans l'incendie. J'ai prouvé que les moyens de nous sauver étaient dans vos mains ; le génie alarmé de la patrie vous a parlé par ma bouche ; je n'ai fait que remuer ce qui est au fond de vos cœurs et de vos consciences : puisqu'un Français isolé, sans mis-sion ose rompre en visière à l'anarchie, que ne doivent pas faire les assemblées délibérantes que le pays a spécialement chargées de veiller à son salut, par le plus sacré des mandats ?

Nobles Pairs, Députés, la France n'exige point que vous attendiez sur vos chaises curules la mort de la main de ces cannibales qui menacent vos têtes; mais elle demande à grands cris que vous sauviez la monarchie, Paris, ses trésors, ses monumens, les chefs-d'œuvre des arts, par des actes de vigueur. N'en aura-t-on en réserve que contre trois générations de rois exilées par une résolution prise à la hâte, au mépris de deux abdications? Frappez l'anarchie au cœur, elle vient s'offrir à vos coups; n'attendez pas qu'elle vous environne, vous déborde de toutes parts, et qu'on ait vu se réaliser dans son entier le terrible horoscope de la France, tiré par *la Tribune des départemens*, le 19 octobre dernier : *L'hiver avec ses besoins, le procès des Ministres avec ses attroupemens, le printemps avec les baïonnettes étrangères !*

Sapez par sa base la cupidité révolutionnaire, portez la cognée à la racine du mal ; tuez le népotisme; déclarez que toutes fonctions temporaires salariées sont incompatibles avec la qualité de Pair et de Député ; retrempez enfin votre popularité dans un immense sacrifice de 200,000,000 sur l'autel de la patrie ; régularisez le budget par la plus inviolable spécialité des dépenses ; réduisez de moitié tous les gros traitemens administratifs et financiers, au lieu de faire, comme par le passé, des économies insignifiantes, retombant toujours sur le modique salaire de quelques commis nécessiteux. Donnez-nous une loi municipale et départementale; elle est préparée depuis 1829 par le ministère Martignac, par le conseil d'état, par votre commission. Adoptez pour maxime le vieil adage des l'Hopital, des Sully, des Harlay, des Daguesseau : *Fais ce que dois, advienne que pourra;* alors, si vous tombez victimes des ennemis de l'intérieur ou de l'extérieur, vous tomberez sans reproche et sans peur, mais non pas sans gloire ! ! !

Nobles Pairs, Députés de la France, si mon zèle m'a emporté trop loin ; si l'horreur des complots tramés par des anarchistes contre la sûreté de l'état, contre la véritable prospérité du pays, qui ne peut renaître que par l'ordre, la paix publique et l'exécution des lois, m'a fait dépasser les bornes du droit de pétition accordé par la Charte à tous les Français, je deviens dès à présent votre justiciable ; et je suis prêt à me soumettre avec dignité à votre décision, quelque sévère qu'elle puisse être.

CONCLUSIONS.

Je conclus à ce que la présente pétition soit renvoyée par les Chambres au conseil des Ministres ;

Subsidiairement, et dans tous les cas, aux quatre Ministres de l'intérieur, de la justice, de l'instruction publique et de la marine, et à ce qu'un exemplaire en soit déposé au bureau des renseignemens de l'une et de l'autre Chambre législative.

Lyon, le 9 janvier 1831.